JN410353

쨍이 던지는 당신에게

최종월 시집

계간문예

쨍이 던지는 당신에게

| 시인의 말 |

시간을 모종해 보렵니다.
내 안에 강건하게 서 있는 흰 뼈가 시詩이기를 바랍니다.
더 오래 그랬으면 좋겠습니다.

2020년 봄

최종월 崔鐘月

■ 차례

제1부 잎들의 마을

제2부 쨍이 던지는 당신에게

제3부 떠도는 섬

제4부 나의 방

제1부

잎들의 마을

잎들의 마을

눈 내려 마을은 그리 고요했는가

까치발로 허공 밟고 밤새 내려와
잎에
땅에
눈이 쌓인다

잠이 깊었다

잎들의 예감은 정확해서 모두 떠난 빈자리에
겸손히 머무르다 기도처럼 흐르는 물
땅속 실뿌리에 닿아 입 맞추는 제전이 성스럽다

물오르는 소리가 환하다

집도
잠에서 깬 그대도
마을로 가는 길도
무릎을 꿇는다

잎들의 마을에 눈 내리는데

한 줌 가루가 된 내 백골은
무엇을 덮어줄까?

날짜 변경선

지퍼백처럼 새벽이 열린다
빛과 바람과 색색의 욕망이 걸어 나온다

해가 가장 늦게 지는 마을을 찾아 떠난다

살얼음 번득이는 길에 그림자를 눕히고
나무는 곁을 지키고 섰다
그림자를 넘어가는 바퀴가 흔들릴 때마다
제자리에서 몸을 떠는 나무

60번 버스가 나무그림자를 딛고 인천으로 달리고
60-1번이 나무그림자를 딛고 부천으로 달리고
60-2번은 나무그림자를 딛고 강화로 달리고
60-3번은 나무그림자를 딛고 대명포구로 달린다

길에서 흰 장갑 낀 손을 흔들 때가 있다
낯익은 얼굴과 스칠 때
치켜든 손은 구름처럼 피어올라 서로의 등 뒤로 흐른다
(종점을 돌아오는 궤도에서 순간의 위로는 소중해요)

가끔 섬의 고독에 대해 생각한다
파도가 주변을 빙빙 돌 때 외로울까 아닐까
(외로울 수도 아닐 수도 있지만 섬은 그곳을 떠나지 않아요)

시곗바늘이 남태평양의 섬을 만나면 한 발 뒤로 물러선다
고래가 섬을 만나면 물기둥으로 얼굴을 씻어주고 사라진다
(직선이 휘어질 때 따뜻해지는 것에 대해 생각해요)

태평양에 그어진 날짜 변경선은 아득하다
새벽에 흔들리며 그림자를 넘은 사람들이 돌아오는 시각

해가 가장 늦게 지는 바다에는 섬들이 하나둘 일어선다

지퍼백처럼 하루가 다시 닫힌다

날마다 세우는 집

캄캄한 잠에 빠졌을 때
어디론가 그대가 흘러갔다는 걸 기억해 봐요

잠보다 더 깊은 강에 풀잎처럼 흐르지 않았나요?
그대가 고개를 숙이고 지상을 걷는 동안
머리 위를 흐르던 그 구름 위가 아니었나요?

흐르다가 일어나 공중에 집 한 채 세우겠지요
겨울나무 꼭대기에 올라앉은 새 둥지 같은 집
바람도 머물 수 없는 구멍 뚫린 집

그대가 등을 기대었던 구름이 저기 떠 있고
돌아온 강이 신발 속에서 찰랑거리며 기다리고 있어요
아, 젖은 발이 조금 부어올랐네요
구름이 흐르는 저기가 지상이었나요?

공중에 세우는 집 창가에서 일기를 쓰는군요
젖지 않게 서둘러야 해요
그대가 생각에 잠길 때
먼 불빛도 깜빡이며 깨어 있어야 해요

뒤란 그늘

톱날이 지나가야 박은 속을 내보인다
단단한 원형의 내력을 칼도 파고들 수 없다

반쪽으로 쪼개져야 속을 펴낼 수 있지
폭염에 여문 씨 뭉치 들어내고
장작불 이글거리는 가마솥에 들어가는 거지
펄펄 끓는 소금물에 잠겨
푹 삶을수록 단단해지고
비로소 누군가를 가슴에 껴안을 수 있지
숟가락으로 속을 다 긁어내고
바람 잘 통하는 뒤란 그늘에 앉아
긴 묵상에 잠긴 동안
살 마르고 뼛속까지 마르고야
쪼개진 박 속
샘물
한 바가지

톱날 지나간 자국마저 지워진 후에야
가슴에 품는
멀어져 가는 발소리

상수리나무가 쓰러진 날

30년 넘은 상수리나무가 링링*에 쓰러졌다

아버지는 그렇게 쓰러지셨다

뿌리가 솟구치는 동안에도 바람은 드세게 몰아쳤다
찢긴 속살이 갈대처럼 솟았다 붉다
그림자를 베고 땅에 누웠다

둥근 톱날이 휘돌며 목질의 시간을 파고든다
겹겹 둘러친 원형의 장막이 걷히자
밀봉된 아버지의 연대기가 펼쳐진다
넓게 때로 좁게 속으로 흐르던 강
은밀한 바닥을 손으로 읽는다 쓰리다

흐르는 것은 모두 부드러운 줄 알았다

중심으로 다가갈수록 어두워진다
십자 모양의 작은 골이 한가운데 깊이 파였다
틈새에 박힌 캄캄한 울음

아버지의 생生은 언제부터 금이 가기 시작했을까

동상으로 갈라진 발꿈치가 나무껍질에 찍혀 있다

뿌리를 드러내야 하는 순간은 절망, 아니
완성이라고 부르고 싶어요

말발굽 소리 멈춘 먼바다
고요의 섬에 풀 먹는 소리 사각이고
아버지 굳어진 혀가 말씀을 시작하신다

쓰러지며, 바람 소리로 노래 부르셨군요
쓰러지며, 까칠한 수염 허공에 문지르며
노래 부르셨군요

지금
바람이 허리 굽혀 문상하고 있다

*링링: 2019년 여름 태풍 이름

무창포 새벽

아직 지상에 닿지 않은
하늘과 땅 사이 어디쯤 멈춘 눈

무창포 새벽 모래는 보드랍고 깨끗하다
바위 앞에서 광주리를 내려놓는 여인
접시에 올려놓는 북어와 배

촛불을 켠다
제 몸 태우는 기도가 빨갛게 녹아 흐른다

아직 천상에 닿지 않은 기도

남자는 돌아오지 않았다
불꽃이 떨며 솟구친다
다가오던 파도가 슬금슬금 뒷걸음친다

해변에서 주운 돌멩이 하나
여행 가방에서 꺼내 보니 양초 밑동이다
불꽃에 녹아내리다 마지막 남아 있는
지상의 기도 뿌리를 본다

아기 주먹만 한 이것

끝끝내 뭍에 오르지 못하고 돌아가는
지극함의 끝이 닿은 곳은 어디일까

나를 따라온 기도를 쓰다듬는다
두 손 모은 여인 앞에서 한 그릇 정화수가 된
무창포 새벽 바다

반달의 잠

안전모를 쓴 사내가 인도를 바삐 걷는다
머리 위에 파란 반달이 솟았다
혁대에 매달린 도구들도 박자 맞춰 전진한다

낮에 나온 반달이 혼자 걷는다
정비되지 않은 길로 우회전이다

드라이버와 멍키스패너*가 좌우로 흔들린다
안전로프 곁에 매달려 따라간다

공사장 벽을 기어올라 드라이버로 찌르면 벽은
잿빛 신음을 가루로 토하고 사내는
입에 고인 앙금을 밤새 씻어 낸다

사내가 멀어지고 그가 걸어가던 길은
누군가의 길로 변신 중이다

작업화가 무겁게 밟아놓은 길이 엎드렸다
딱딱하게 굽은 등으로 벽을 기어오른다
발아래 아스라한 공간을 건넌다

어둠은 견고하게 망을 짜고 사내가 그 위에 눕는다
망토 안으로 곤한 잠이 기어든다
허공에 매달린 사내의 잠

머리 둥근 멍키스패너가 사내의 잠을 견고하게 조여 준다

*멍키스패너: 너트(nut)를 조이거나 푸는 공구

거미의 뜰

허공에 집 한 채 지어놓고 바람 소리 모은다
대문 밖 인기척을 끌어당겨 귓전에 얹어놓고
어루만진다 자꾸 어루만지는데
봄날이 화르르 떨어진다
꽃 진다

열두 대문 활짝 열어놓은 채
바람결에 고요가 출렁이고 숲은 숨을 죽인다
기다림은 떨리는 것
떨림은 흔들리는 것

문턱 넘어서는 옷자락 소리에
소스라친다 자꾸 소스라치는데
벚나무는 가슴부터 정수리까지 온통 꽃불이다
꽃 진다

적막한 거미의 뜰이 밝아온다
수틀에 연분홍 꽃잎이 동동 떴다

외딴집
고요한 저 대문을 들어서고 싶은데
어쩌랴, 이 몸무게를
손 넣고 휘저으면
주르륵 흘러내릴 내 안의 검은 물
끝내 끌고 다니는 이 무거움

땅으로 내려오는 꽃길이 멈춘 곳
거미의 뜰에 머무르는 꽃잎 여섯 장
눈부셔라
꽃 피었다

수묵화

마른 잎
툭
떨어진다
새 날아간 길
잎 내려온 길
저 혼자 비질하는 바람
돌아보니
허공을 딛고 멀어져 가는
풍경소리

풍경을 도둑맞다

목련이 3층 거실을 기웃거린다

봄은 아직 먼데 발돋움했다
봉긋한 기다림 살짝 여미고서
다소곳한 합장으로 고요에 깃든 날

등 밝히기 며칠 전
아래층에 그늘진다고 허리 위가 싹둑 잘렸다

앞 동 그늘이 슬금슬금 기어온다

허공 어루만지던 손가락
부풀던 가슴
다 지워지고
톱날 지나간 허리의 생채기가 창백하다

나무가 흘린 피를 바람은 소문 없이 말리고
거울 앞에서 여미던 가슴
빈자리에
흐르지 못하고 고여 드는 바람

창 너머 풍경을 도둑맞았다

내가 아니야

여우별이 뜨기엔 이른 시각이었지
키 작은 풀숲에서 눈빛 반짝이는 너를 처음 만났어
네 앞을 지나갈 나를 너는 이미 보고 있었을 거야
네 눈빛이 나보다 더 강렬했으니까

네가 구하는 밥을 나는 준비하지 않았어
한 번도 네게 밥을 준 적도 없어
어쩌다 차도를 무단 횡단하는 들고양이를 봤을 때
저것! 죽으면 어쩌려고!
네게 대한 관심은 그것뿐
너는 무사히 차도를 달려 숲으로 사라지고

'사고 다발지역'

너를 만난 건 이른 봄, 지금은 여름의 끝
모든 끝은 벼랑이 아니야
추락의 어느 찰나에 날개를 펴고 아주 먼
누구도 따라갈 수 없는 곳으로 슬쩍 옮겨 앉는 건데
서로 바라보던 그 날을 떠나 멀리 와 있는데

깜박이지 않고 검은 듯 노란 듯 알 수 없는 너의 늪
동그란 올가미로 내 눈을 붙잡고 놓아주지 않는구나

내가 아니야!
나는 너의 허기에 대해 생각하지 않았어

한 점 부끄러움 없이 내가 진술하고 있다

버리는 중이다

욕심이 많다고 고백한다

문풍지가 떨릴 때면 검지에 침을 발라 구멍을 냈지
동그란 구멍으로 내다보는 세상은 둥글지 않았어
발 없는 바람은 온몸으로 뒹굴었어

죽은 수피처럼 쩍쩍 갈라진 틈으로 힐끔거리는 허기
가난한 가슴에도 껴안고 싶은 게 많다

껴안은 것들의 목록을 펴놓고 연필심에 침을 바른다
수평 또는 사선을 짙게 그어 하나둘 퇴출한다
목젖으로 침 넘기는 소리 몇 번 내고 연필에 힘을 준다

침에 젖어버린 목록을 꺼낸다
물컹한 것을 집어 즙을 짜낸다 던진다
딱딱한 것을 집어 멀리 던진다 깨진다
나를 던진다
벽에 도달하기 전에 사라진다
그림자도 없다

놀라지 않고 생각한다 그림자가 없는 것에 대해
공기 물 바람 오늘 다음 오늘 그리고
목록이 다 지워져 까맣게 변한 백지들

가라앉고 있는 것들, 낯익다

아무도 눈치 채지 못 했나
서쪽으로 뒤뚱, 기울어지는 것들을

문장을 지운다
온점이 아닌 쉼표로 찍혀 있는 나를 지운다

꽃 무늬석

시간이 퇴적된 곳에서 꽃이 피었다

내 전생의 전생까지 찾아가 꽃씨 한 톨 묻어놓고
왼손 오른손 번갈아 도닥이다가 곁에 누워 잠이 들었지
분명 바람이 서성였는데 바람의 전생은 보이지 않아
귀 기울이면 돌 속에서 숨소리 들리네
돌에 꽃이 피었어

시간이 퇴적된 곳에서 물이 흐른다

내 몸을 스친 강물이 닿은 곳
내 전생의 전생까지 따라가 발목 적시고 귀만 여는 거지
지층 사이로 흐르는 물은 입을 다물었어
슬픔이 태산처럼 앞을 가로막으면
빛 바라기 하는 바위에 열꽃이 피는 거야

물의 전생에 발목 적시고 가만히 서 있어 봐
적막의 틈새로 움트는 게 보여
돌에 꽃이 피었어

꽃 무늬석과 마주 앉은 내가 돌 안으로 걸어 들어간다
앞선 그림자가 사라지고

하얀 돌꽃 한 송이가 방금 핀 듯 밝아온다

입김

낮은 무덤이 산자락에 엎드리고
초가지붕이 발치에 엎드리고
아기가 툇마루에서 낮잠 잔다
쓰다듬고 달래주는 입김
산자락의 빛 바라기
정수리 쓰다듬는 손길
등 도닥이는 손길
누구인가

애기똥풀

좁은 뒷골목 푸른 축대
돌과 시멘트로 치솟아 고개 젖혀 올려본다
애기똥풀 한 포기가 목을 길게 뽑았다
뿌리내릴 틈새 보이지 않는데
바람에 떠도는 풀씨를 품에 안은 허공
축대에 기대어 노랑 꽃송이를 키운다
속을 비운 가지들이 여윈 몸통에 매달렸다
흔들리며 하늘 우러르다가
흔들리는 나를 내려다본다

언제였을까
낯선 듯 서성이던 길
좁은 골목 끝이 흐려지고
키 낮은 담장에 새겨진 푸른 음각
담장을 받쳐주던 붉은 백일홍
밀려왔다 순식간에 빠져나간
다시 밀려오는
친숙한 고요, 발소리

적막이 함성보다 크다

제2부

쨍이 던지는 당신에게

바퀴의 꿈

찢어진 폐타이어가 돌밭에 엎드렸다
산속으로 들어가는 길
하늘 가까이 다가가는 길
십자가 등짐 지듯
돌 비탈 끌어안고 엎드렸다

차고지에 드나들던 기억도 지워졌다
엿볼 수 없는 꿈, 대문이 검다
바람을 가르며 내달던 길을 베고 누워
찢어진 몸으로 밟히고 있다

빗변의 기울기로 차고지에 나란히 서 잠든 밤
끝이 처음이 되는 원형의 생生
산딸나무 꼭대기 하얀 잎이 주차장 한쪽에서 지켜보고
길에 흘린 문장들이 달빛에 건조 중이다

바퀴의 꿈이 둥글게 팽창한다
꽉 부둥켜안고 구르는 달
찢어져 지금 산길에 엎드려 있는
검은 보름달

밟고 오르세요

예초기 지난 후

산적처럼 예초기가 다가오고
잘린 들풀들이 날아오른다
신음이나 비명 없이 흩날린다
좁쌀보다 작은 씨앗들이 솔 그늘에 내렸다가
광풍기에 멀리 날려간다
온통 먼지다

들풀은 사람 마을을 비켜 저들끼리 모인다
외딴집 작은 마당을 좋아하고
낮은 흙담 구부러진 골목을 더 좋아한다
허리 굽혀 반겨주던 그 사람 오면
여름 다 가도록 동구 밖에서 기다리는
제비꽃

예초기 지나간 오솔길
하얀 강아지가 주인 앞에서 촐랑거린다

잠시 눈 감으니

미정차 정류소를 몇 개 지난다
강은 내 등 뒤편으로 흐른다
어느 만큼 흘렀는지 알지 못한다
낯선 마을에 낮게 엎드린 지붕들
흐르는 나를 말끄러미 바라본다
눈빛이 낯익다
능선의 나무들 조용히 뒤로 물러가고
언제부터 그 자리에 뿌리 내렸는지
언제까지 그 자리를 지켜줄 건지
서로 모른 채 스쳐 지나간다

가끔

가끔 멍하니 거리에 서서 미아 느낌이거나
번개 치듯 정신이 번쩍 들거나 (벌써 봄?)

발목 복숭아뼈에 금이 갔다 명절 연휴라 응급실에서 깁스하고 목발에 의지하는 늦은 밤, 주방 쪽에서 화재경보가 요란하고(지금 불이 났으니 엘리베이터를 이용하지 말고 비상계단으로 대피하시기 바랍니다) 다급한 목소리가 경보음과 동시에 반복되고

가끔 아, 내가 불에 타 사라질 수 있구나! (더 정확히, 나도!)
풍장이나 잔디장에 대해 골똘하거나(경보 울릴 땐 아무 생각 없고)

실내복으로 혼자 있는 시간에 목발 짚고 비상계단을 이용해야 하고 아무도 떠오르지 않고(그럴 시간이 주어지지 않고) 겉옷 걸치고 뒤뚱대며 현관을 나서 한 손에 목발 두 개를 움켜잡고 한 손으로 난간을 잡고 겨우 한 층을 내려와 포기하고

가끔 낯설고 엉뚱한 길로 가고 싶거나
맹수 앞에서 오기로 시퍼런 눈을 째려보거나(마지막이니까)

남은 방법 하나, 엘리베이터 벨을 누르고 잠시 후 문이 열려 올라타고(선택의 자유가 오직 하나) 1층에는 사람들이 웅성거리고 소방대원들이 침대차를 끌고 올라갔다 내려와 할머니가 태운 음식 연기가 창으로 몰려나와 행인이 신고했다고

가끔 시시한 일로(잠시 죽음과 맞붙었지만) 인해 덤이 주는 햇살을 틈새로 찾아내고

누런 잔디 틈에서 초록빛을 어루만지는 2월 햇살을 조용히 지켜보고

사과나무 그늘

벽 쪽 종이상자 속으로 머리를 깊이 박았다
빨간 사과 사진이 상자에 찍혀 있고
사과나무 그늘에서 사내들이 나란히 잠들었다
발치를 조심스럽게 지나가는 얼굴이
어두워졌다가 밝아오는 시간은 순간이다

사내의 잠이 닿아 있을 곳
언덕 위 대문 없는 집 마당이거나
금잔디 고운 뒷동산 햇살 따끈한 묏등이거나
풀 냄새 묻은 목소리로
잊어버린 이름을 불러주는 곳

겹치지 않은 다리들이 쓸쓸하다
영원히 겹치지 않는 길이 콘크리트 위에 눕고
뒤축 무너진 사내의 운동화가 곁을 지킨다
5번 출구가 표시된 지하도
사과 몇 알만 밝다

엄마는 아기를 무릎 위에 올려놓고
늘 머리부터 감겨주셨지
착하지, 예쁜 내 새끼

목격자를 찾습니다

비에 젖은 길이 등 뒤로 흐른다 가로다
차창에 빗줄기가 미끄러진다 세로다
좌표에 엮혀 내가 이동한다 포물선이다

올챙이 한 마리가 앞선 것의 꼬리를 덮친다
무거워진다 가속이다
사선으로 다시 앞선 것의 꼬리를 덮친다
창 모서리에 닿는다 깨어진다
가속의 구비에서 바퀴는 헛돌고
차선이탈이다 휘청거린다

블랙박스가 또렷이 담고 있을
발소리 숨소리 빗소리
그때 그 자리

목격자를 찾습니다

현수막을 들고 빗속에 서 있는 내가 보인다

햇빛을 읽다

한눈판 사이에 어둠이 들어왔다 햇빛이 떠났다
한눈판 사이에 햇빛이 들어왔다 어둠이 떠났다

햇빛이 수작을 건다
내 몸에서 멀리 떠나지 못한 머리카락과 각질
지나간 시간이 떨어뜨린 먼지를 간질인다
발바닥이 간지럽다

컴컴한 잠, 문밖에서 지켜보고 있었구나

가볍다는 건 날아오르기 쉽다는 것
날아오르기 쉬운 건 내려오기 쉽다는 것
어딘가에 내려와 가벼이 흩날린다는 것

어둠이 수작을 건다
감긴 눈을 열거나 닫거나 풍경을 펼쳐놓고
눈동자 둘 넷 여섯
해독할 수 없는 눈빛을 천장에 매단다
별이 뜬다
내가 너에게, 너는 나에게 발송했던 낱말들
켜켜이 쌓인 퇴적층

다시 햇빛이 들어온다
바닥에 뒹구는 저것들
빛 속에 내가 보인다
햇빛과 어둠의 모자이크
밟고 선 나

물에 대한 기억

한 겹 남은 살에 검은 꽃이 피었다
손톱 끝에 머물던 예쁜 반달
봉선화 꽃물을 어머니는 기억하지 못한다

세면대 붙잡고 버티는 두 기둥에 쑥뜸 자국이 깊다
살을 태우던 불씨들이 꺼졌다
살이 뼈를 얼싸안고 지새운 날들이 흘러내린다
바람의 혀가 핥고 지나간 연골 자리에서 풀피리 소리가 난다
허벅지 사이 황폐한 둔덕에 비누 거품을 문지른다

당신이 키우던 작약꽃이 다 떨어졌어요
손바닥 생명줄을 지우면서 빌던 정화수 자리도 지워졌어요

거품이 좁은 배수구로 몰려든다
사라져 버리고 싶은 날들이 저리 많았던가
욕실 거울은 물이 흘리는 눈물로 가득하다
울음을 쓰다듬는다
맑아진 거울 저쪽에서 낯선 말씀이 튕겨 나온다
평생 해독하지 못할 줄 알았던 그 말씀

나,
외롭다

누군가의 안에서 함께 흔들리고 있는 건 오직 그의 그림자뿐이다
나는 어머니의 방문 밖에서 서성일 뿐이었다
굽어진 등에 업힌 날들이 거품으로 흘러내린다
휘돌아온 길이 아득해 이젠 지름길이다

거울 가득하게 고인 물의 눈물을 다시 손바닥으로 쓸어준다
투명한 강바닥에서 비로소 만나는 얼굴

당신도 물이었군요
물이 흘리는 눈물이었군요

내 안의 뼈

내가 나를 만났다

유리 탁자에 올라가 눕는다
본 스캔*이 옷을 날려버리고
살을 지워버리고
모니터에 오롯이 남겨놓은 흰 뼈

그윽이 바라본다
있었던 듯 아닌 듯한
흙으로 돌아가기 전 최후의 형상

정지된 동작으로 누웠다 복종이다
이승을 건너가는 관절들이 환하게 서 있다
머리에서 발끝까지 탐색전이 계속된다
흘러내리는 생애를 지탱해준 기둥

흰 장갑 끼고 지상으로 고이 모셔 올린다

모니터를 꽉 채우고 있는 어둠
조명이 비추고 있는 배경이다
선명하게 튕겨 나온 뼈

끝났습니다

유리 탁자에서 일어서는
뼈
살
옷

문을 나선다
햇살은 눈이 부신 날에

*본 스캔(Bone Scan): 뼈에서 전이 여부를 찾는 기계

뿌리

현무암 정수리에 풍란이 앉았다
가파른 절벽을 내려오는 촉수, 푸르다
물에 닿기에는 아직 멀다
손 떼면 아스라한 절벽
돌에 붙어 딱딱해진 뿌리
온몸으로 목숨을 빨아들인다

꽃 피었다
학 두 마리 날개를 펴고
가느다란 꽃대 끝에 앉아 흔들린다
이 악물고 참았던 신음
향기가 되어 퍼진다
살아서도 죽어서도 돌에서 떨어지지 않는
뿌리

황홀한 개화

연잎

구슬 하나 품었다

꽃대 올리느라 허리 깊이 빠진 채
두 손 머리에 올려 구슬 받치고 섰다
안을 때와 보낼 때를 위해 옷섶 풀어 헤치고

티끌 하나 차마 발 디밀지 못한
반짝이는 순수
눈물보다 맑은 순정

꽃이 아니구나
화려한 꽃이 아니구나

저리도 푸르게 웃을 수 있느냐
저리도 작고 환한 구슬 가슴에
하늘을 담아줄 수 있느냐
너는

스모그

1
보행자를 위한 대각선이 그어져 동시 이동이다
가로세로 두 번의 횡단보도를 가로질러 그어진 사선
중앙 교차로에서 손을 놓는다
등 뒤에서 딸그락, 문 잠그는 소리를 들은 너와 내가 만난 새벽
서로 안녕!

2
사거리 형광판처럼 우리는 빠르게 교차하고 있네요
스모그
집들도 마스크를 써버리면 어디로 돌아가야 하나요?
밤이 되면 누울 곳이 필요해요
나무들도 허공에 등을 붙이고 잔다고요

3
어둠을 광장에 모아놓고 불사른다
불티는 날아오르지 않고 땅과 하늘 중간
촛불 치켜든 손 높이가 환하다
별, 아득하다
눈을 깜박인 사이 불티 몇 개는 저기까지 닿았나 보다

4

명절이라 계란 한 판 12,000원에 샀다 돌아오는 길에 돌에 걸려 9개가 박살 났다 흰자위는 보도블록 틈새로 달아나고, 놀라서 샛노래진 알들이 이리저리 뒹굴었다 조류인플루엔자에 걸린 닭들이 땅에 계속 매몰되고 계란값은 치솟고

5

역사 발굴팀 인부가 흙더미에 묻혀 생을 마감하고
(노동 현장 매몰사는 역사적이라고 하지 않네요)
황사용 마스크 쓰고 외출하라는 대국민 방송에
하늘도 마스크를 썼다 서로 얼굴이 보이지 않는다

6

새벽에 집을 나섰다 그래야만 했다
쓰고 보니 무책임한 글쓰기를 하고 있다
왜 새벽에 나서야 했는지 밝히지 않았다
역사가 아니고 그냥 일기라고 변명할 때 부끄럽다
다시 등 뒤에서 현관문 닫히는 소리를 들어야 할 새벽이 온다

아무 일 없는 듯이

전국이 38도를 넘는다는 기상 특보다

공사장 가림막과 도서관 사이 좁은 공간
병상에 누워 내뱉는 날숨처럼 잎들이 처지는 정오

점박이 무당벌레가 잎에 붙어 꼼짝 않는다
손톱 크기 무게를 잎에 얹어놓고 숨을 죽인다

잎과 벌레와 나는 지금의 자리에 접착되었다
그림자도 멀리 벗어나지 않고 제자리에서 침묵 수행 중이다

탑 크레인이 하늘에 원을 그린다
쨍, 하늘은 파랗게 금이 가고
파인 틈새에 파란 물이 다시 고인다

붉은 철근들이 모서리마다 직각을 맞추고
안전대 위를 빨간 안전모가 떠다닌다

못은 벽 속에 똬리를 틀고 앉는다
허공에 구멍을 뚫고 칩거를 시작하고

천천히 녹슬 것이다

들판이 지워지는 시간은 한나절이다
치솟은 집이 지워지는 건 반세기의 일이라 떠든다

탑 크레인이 붉은 철근을 내려놓고
까마득히 솟은 제자리로 올라간다

기상특보는 일상의 예보가 된 지 오래다
아무 일 없는 듯이 내 칩거는 이어진다

가끔
점박이 무당벌레 무늬에 감탄하며

쨍이 던지는 당신에게

당신의 실수에 대해 다시 정리해 봐요 내가 당신의 목표물이 되어 그물에 걸렸을 때 꼬리 자르고 숲으로 숨어드는 도마뱀 살아남기 법을 사용했어요 성공했지요 등 뒤에서 울리는 축포를 들었나요? 당신 얼굴이 컴컴했는지 환했는지는 모르겠어요

바다에 대한 당신의 착각을 알려줄게요 나는 바다에서 태어났으니까요 반짝이는 비늘로 몸을 감싸고 해초 사이를 달리다가 잠들어요 먹고 달리고 잠들고요 당신의 쨍이*에서 두 번이나 빠져나왔어요 기적은 한 번이 아니라 세 번이라 믿으니 한 번 더 남았네요 내가 당신에게 던지는 미끼는 내 몸의 일부예요 세 번째 미끼도 당신이 받아주면 좋겠어요

해가 질 때마다 바다는 깊어져요 깊어지는 만큼 해초의 키가 자라지요 쨍이를 싣고 오는 당신의 배를 보면서 나는 더 반짝이는 비늘로 몸을 감싸고 숨어요 비늘은 왜 모두 반짝이는지 모르겠어요 해초 숲에 숨어 잠들면 그때는 당신도 같이 잠들어줘요 불빛으로 눈 부시게 하지 말아요 새 기술로도 고치지 못하는 눈병이 돌면 내가 당신의 쨍이 속으로 들어갈지도 모르니까요

세 번째 기적이 일어나기 전에 겨울잠을 잘 거예요 따뜻한 해저 동굴을 찾아갈 거예요 기적은 반드시 일어나는 건 아니지만 세 번은 믿을 거예요

*쟁이: 물고기를 잡는데 쓰는 작은 그물.
투망投網이라고 한다.

아침

눈을 뜨는 건

말랑한 풍선에 입김 불어 넣고
가슴에 품는 거야

모래와 모래 사이
캄캄한 골을
건너뛰다 깨어나는 거야

바람 부는 골목
낯선 모퉁이에서
거울 조각을 들여다보는 거야

내일 또 눈을 뜨면

제3부

떠도는 섬

귀가 중

지정된 곳에 카드를 댄다
찍
한 음절로 통행이 허락된다
한 명씩 통과해야 한다
대합실에서 걸음이 빨라지고
광장의 저물녘은 낮보다 환하다
건너편 빌딩이 잠들었다
잠들지 않은 창 몇 개가 충혈된 눈빛이다
댄스 스포츠 초보 환영
종일 밟고 다닌 길 위 내 스텝이 엉키고
엇박자 둘 셋 하나
시간이 되감긴다

이팝나무 위로 달빛이 옹기종기 모여 앉았다
엇박자에 대해 회의 중이다

강강수월래

백두대간 뻗은 등뼈
어디가 아픈지 우리는 알고 있다
왜 아픈지 들꽃도 알고 있다

앞산 등성이를 골안개가 넘어온다
뒷산 등성이를 진달래가 넘어간다
눈망울 맑은 노루가 남녘과 북녘을 바라보는데
눈시울 붉어진 진달래는 툭, 고개 떨군다

백두대간 흰 등뼈 가로지른 철책
부끄러워라, 어쩌자는 거냐 우리는

손때 묻은 소반에 잎 넓은 푸성귀 올려놓고
네 입에 내 입에 서로 한 쌈씩 넣어주고

달아달아 밝은 달아 강강수월래

북녘 고비나물 우리 아비 반찬하고
남녘 참취나물 우리 어매 반찬하고

소반에도 휘영청 보름달 떠오르고

궤도 돌기

들것이 진찰실로 들어선다

캡램프보다 번쩍이는 눈빛으로 다급하게 의사를 찾는다
긴급 전화가 몇 차례 식당에 울린 후
정오의 허기를 해결한 의사가 도착한다
간단한 응급처치 후 하얀 홑이불로 얼굴을 덮는다
시트보다는 아직 따스한 얼굴

사내의 채탄採炭 작업이 끝났다
곡괭이로 내리찍고 삽으로 퍼 올리는 검은 암석
밤새 악물었던 이빨을 하얗게 빛내며
폐기된 갱목*어깨에 얹고 건너오는 새벽

사내가 건너던 시간이 퇴적층으로 스며든다
제비꽃과 솔향기가 지층에서 변성되는 동안
캡램프 아래 시퍼렇게 타오르는 눈빛
그가 지피는 마지막 불꽃이다

지구는 궤도를 돌고 있다

*갱목: 갱내가 무너지지 않도록 지붕을 지탱하는데 쓰이는 통나무

분리수거

바람도 고여 있으면 곰팡이 꽃 피나요? 통과시켜 주세요 버릴 때는 문 활짝 열어야 해요

아가리 벌리고 물어 올린 폐기물에 오늘이 섞이면 안 돼요 오늘은 어제가 아니니까요 무릎에 올려놓고 도닥이고 문지르고 빛을 내야 해요

어제는 강에서 붕어를 잡고 놀았어요 오늘은 비가 억수로 쏟아지네요

내일은 오늘이 지나가야 만날 수 있다는 걸 기억할게요 폐기물 목록을 미리 알려 드릴 수는 없어요 선택은 정확해야 하고 책임이 따르잖아요

저 집게발을 보아요 부서지지 않는 이빨이에요 언젠가는 용광로 속에서 녹아 버릴 테지요

지금 어금니로 허공을 깨물고 있어요

따끈한 한때

기침을 한다
본 적 없는 이웃집 개가 컹컹 짖어댄다
늙은 유기견 2마리와 고양이를 기른다는 여자
- 불쌍해요 살날이 많지 않으니 실컷 먹여요
매일 들고양이 집에 찾아가 먹이를 준다
- 관리실에서 먹이를 못 주게 하네요. 민원이 들어왔데요

엘리베이터가 열리고 서둘러 문을 닫는다
목젖이 간질거리고 다시 기침이 터진다
개가 짖지 않는 평화여!
겨울 아침 햇살이 가볍다
바닥부터 차오르는 따사로운 자유여!
본 적 없는 커다란 개를 대신해 춤추듯 걷는다
몸도 가볍다

사선이다

파도에 씻긴 갯벌이 사선이다
펄 위에 놓인 어선들이 사선이다
둑방 돌들이 서로 어깨를 밟고 올라 서
낡은 돛의 노랫말을 가슴에 받아 적고 있다
사선으로 서 있는 내 발밑으로 바다가 기어오른다

떠도는 섬

박수 소리가 사방에서 울린다
바닥에 닿을 수 없는 가벼움
끝내 바다의 깊이를 모른 채 떠돈다
울음마저 잦아든 물개가 모래밭에 눕는다
몸속에 채워둔 마이크로 플라스틱

지구의 자전에 맞춰 추는 왈츠
샹들리에 불빛

떠돌던 섬은 환류에서 소용돌이친다
염색된 플라스틱으로 포만감을 느낀 새는
물개의 곁에 누워 가쁜 숨을 멈춘다

아롱진 내장이 허허롭다

바다의 깊이를 모르는 섬
부서져 가루가 되어도 영원히 떠도는 섬
독 안에 든 무녀*가 영롱한 컵을 높이 든다

오늘을 위한 축배를!

*독안에 거꾸로 매달린 무녀의 소원은 죽는 것. 황무지 첫머리

곰팡이

고가사다리가 창틀에 목을 얹고 엎드렸다
빗변으로 허공에 엎드린 사다리를 타고
포장된 일상들이 비닐로 덮여 미끄럼 탄다
곰팡이 돋아난 세간들은 이주를 시작하고
정수리 도닥이는 빗방울이 튀어 오른다
오래된 압화 액자는 흰 그림자를 벽에 걸어두고
떠난다 안녕, 돌아보지 않고 다시 안녕
등 뒤에서 동거했던 기록이 선명하다
빗방울에 담긴 마을은 맑다
푸른 잎에 매달렸다 땅으로 내려앉는 동안
젖은 세간들이 마을을 떠난다

흔들리는 동안은 곰팡이가 피지 않았다

우기의 시작이다

어머니

수로 안내인이 없는 배 한 척이 멀어진다
조종 불능 깃발이 오른다
해가 서산에 잠시 걸터앉아 뱃길을 본다

지나간 길이 지워진다
어머니를 향해 내가 휘날렸던 무수한 깃발들
파도가 엎어지며 밀려온다

어머니는 다시 깃발을 올리지 않고
예인선도 부르지 않는다
한 세기 넘도록 항해하신 배 한 척
수평선 너머 사라진다

혼자 타는 배였다

어?

금빛 논 가운데 검은 물체가 보인다
꼬리가 흔들린다 뭘까?
지난밤 비바람에 벼들이 나란히 누웠다
롤링웨이스트 타는 나의 시선은 꼬리에 꽂힌다
습지에 빠졌으면 어떻게 구하지?

손잡이를 잡고 시계추운동을 시작한다
높이 올라 꼬리의 정체를 확인해야 한다
찰나의 확인은 어렵다
습지에 빠진 개? 어쩌지?

꼬리가 위치를 바꾸더니 껑충,
누워 있는 벼를 밟고 둑 쪽으로 달린다
개만 한 검은 고양이가 금빛 들판을 달린다
만삭처럼 아래로 처진 배가 무겁다
허리 높이의 논둑을 펄쩍 뛰어올라
보름달 떠오르는 마을로 내달린다
어?

드러누운 벼들이 일어나기까지 몇 번의 밤이 지날 테고
최고점에서 멈춤을 바라지 않고 흔들리다가
어스름이 내리면 내가 돌아갈 테고
풀숲 어딘가에 엎드린 고양이는 동그란 눈 뜨고
어?

오류

물장구를 친다 물살은 거세고 발가락이 향한 강의 하류로 미끄러진다 찰깍, 누군가 셔터를 누르고 네모진 단층사진에 담긴 동작은 멈춤이다 물살에 떠밀려 바닥을 찾느라 허둥대는 발이 보이지 않는다

잎

새
한 마리
앉았다 곧
떠나가는데
잎은 왜 그리 오래 흔들리는가

잎
하나
흔들리다
내려앉는데
숲은 왜 그리 오래 적막해지는가

찔레꽃

해가 창을 딛고 서쪽으로 건너간다
뒤돌아본 적 없다
어제도 그랬다
내일도 한마디 없이 건너갈 거다
아무 흔적 남지 않은 유리창
얼룩 몇 점
베란다에 소복이 뿌려놓은 그늘
화산석에 핀 찔레꽃
어두워지는 눈빛

줄기

열 손가락 지문이 암벽에 가득하구나
가슴으로 기어올라 본 사람은 안다
벗겨진 무릎으로 기어올라 본 사람은 안다
터질 듯 푸른 힘줄이 사방으로 치달린다
붉고 얼룩지는 시간이 흩날리고
끝끝내 거미줄같이 휘감겨 있는 줄기

홍시가 있는 풍경

노을이 밀주처럼 익는다
얇은 화관 둘러쓰고 고즈넉이 앉은 저녁
살그머니 누른다
가슴에 끌어안은 게 많으면 저리 적막한가
적막 후 저리 환해지는가
초야의 그림자가 얼비친다
그대 향해 에돌던 모서리
홍시 하나 풍등처럼 띄워놓고
맨발로 건너는 강
여울목

제 4 부

나의 방

어부바

두 손 돌려 깍지 끼고

엄마, 또 어부바

꽃잎 하나 무게라도 그립습니다

두 손 돌려 깍지 끼고

엄마, 또 어부바

꽃잎 하나 빈자리가 무겁습니다

도서관 길

공사장 가림막이 사라지자 고층 아파트가 다가선다
둥지에 도착하지 못한 새들이 더 많다
아직 몇 개의 창만 충혈된 눈빛을 쏘아댄다
잠들지 않은 뒷산 숲이 술렁거리고
길 건너 도서관 불빛이 등대처럼 깜빡인다

컴퓨터 자판을 두들기거나 책을 펼친다
누구나 이주移住를 꿈꾼다
오늘 지나온 길이 눈을 깜박이고
내일 지나갈 길을 자판 두들기며 찾는다
날갯짓이 고요하고 무겁다

-마감 시간 10분 전입니다
책을 덮고 전원을 끈다
캄캄한 휘장이 내려오고
모니터 네모 속에 어둠을 꾹 눌러 놓고
계단을 내려온다

그림자를 데리고
보안등 아래를 빠르게 걷는다

구름일기

시집 한 권

교정 기호 어지러운 A4용지

통통한 필통

뭉툭한 연필심

귀가의 한때

가방 속으로 들어온

붉은 구름

저물녘이 되어 버린

그대

자작나무 정수리를 지난다

나의 방

방향등이 깜빡인다

열 달 동안 사람 모양으로 빚어준 나의 방, 어머니의 집에 있는 둥근 방은 나와 동행을 거부했다 울지 못했다 구들방 윗목에서 까맣게 시들어가는 아기에게 어머니는 탯줄에 고여 있는 핏물을 오래도록 훑어 넣어주셨다

아기가 울음을 터뜨렸다

나의 방이 세상에 나오기를 거부하는 동안, 탯줄이 몸속으로 다시 달라붙으면 산모는 죽을 거라는 소문이 마을에 돌았다 발가락에 탯줄 칭칭 동여매고 문고리에 매달린 채 날이 저물었다

어금니 가는 소리 입술 사이로 새어 나오지 않고 목으로 넘어갔다 다시 해가 떠오른 후에야 나의 방이 세상에 나왔다

아, 어머니 당신은 살았어요

지금 나의 방이 세상을 구르고 있어요

리돕스

두 쪽으로 벌어진 틈새로 꽃대를 밀어 올린다
엄지손톱 두 개의 틈새로 올라온 꽃대
꽃망울이 올망졸망 매달린다
꼬마 드레스들이 온통 우윳빛이다

꽃이 진다
녹슨 듯 누렇게 얼룩지는 꽃대
송두리째 뽑아내려고 핀셋을 깊이 박았다
너무 깊어 상처가 생기고 결국 시들었다

꽃대 대신 죄책감이 그 자리에 꽂혀
오래도록 사라지지 않는다
핀셋을 그토록 깊게 찌르지 말았어야 한다

꽃대 밀어 올리며 흔들리던 긴 날들을
허공에 매달려 안간힘 쓰며 꽃망울 터뜨린 날들을
꽃 지는 걸 바라보는 리돕스 흐린 눈빛을
보았잖아!

누룽지를 끓이다가

맥반석 압력솥에 뜸을 들인다
숨죽이고 기다려야 한다
바닥에 붙은 밥은 지그시 누른다
다시 물을 붓는다
불꽃을 높인다

끓기 직전에 불을 끄고 물 끓는 소리를 기다린다
불꽃 없이 저 홀로 끓어야 하는 시간이다
솥뚜껑 한가운데서 추가 돌아가기 시작한다
빈집 거울 앞에서 혼자 춤추는 아이

모롱이를 돌고 돌아야 마주치는 먼 불빛처럼
숭늉 냄새가 집안으로 스며든다
포복이다
점령이다
골목 끝 어스름에 멀어졌다가 다시 고요하게 다가오는
발소리같이

불 끈 후
남아 있는 열기로 오래도록
홀로 끓는

골목길

야경꾼 막대기 소리가 지나가고
뒷굽 못처럼 딱. 딱. 새벽까지 되울리고
작은 창 앞에 내걸린 옷들은 저 혼자 마르고
대문 앞 아이는 짧은 노래 되부르다 졸고
눈 큰 아이는 빈방 이불 아래서 나오지 못하고
귀 익은 발소리 기다리며 젖은 이마를 문지르고

기다림은 길었다

배달 갑니다

유리창 뚫고 들어온 햇살
술래처럼 소리 없이 바닥을 기어 오더니
현관 신발에 들어가 찰랑거린다
환하다

이승에서 신던 어버이 신발 다 모아놓고
저 햇살로 채워놓으면
지금 계신 천국에서 발 담그고 참방참방
두 분 장난치실까

특급배송입니다

설악초

사진기자 출신 지인이 큼직한 카메라를 들고
"고개를 이렇게, 오른쪽으로 5도! 턱은 약간 당기고
자, 김치!"

설악초 환하게 어우러진 꽃밭에 세워놓고 연이어 셔
터를 누르더니
"좋아요, 영정사진 하세요."

뜻밖의 말이 참 정겹다
보험 하나 든 듯 마음이 편안하다
흐드러진 꽃보다 내가 더 환하게 웃었다

이승의 날 중 제일 환하게 웃는 얼굴로
안녕!
그래야지

안부를 묻다

아직 품고 있을까

화살나무 열매를 물고 갈매기가 날아간다
대명포구 만국기가 뒤따를 듯 펄럭인다
하얀 씨를 심장처럼 품은 빨간 열매

흰 깃 교복 입은 여학생들
오토바이를 몰고 온 남학생
가느다란 빗속에서 흔들린다

혼자 탄 통통배가 삼천포로 다가가고
남겨진 창선* 바다는 젖고 있었다

손등에 불거진 핏줄이 푸르다
내 몸을 휘도는 그 바다

안동으로 향하는 버스에서 흘리던
마흔여섯 해 전 맑고 푸른 물
생수처럼 그리워지는 봄날

머리에 갓을 쓴 화살나무 열매가
눈썹에 매달려 흔들린다

동백섬 붉은 언덕길
꽃잎 떨어지는 소리

화살나무 빨간 열매 떨어진다

*창선: 첫 부임지인 경남 남해 창선중고등학교

자장가

하루를 입관하는 의식이 엄숙하다
바다가 검은 도포를 입고
창백해진 하늘이 나팔관처럼 귀를 연다

마을의 불빛들이 바다로 내려온다
꽃송이로 동동 뜨다가
달구리에 하나 둘 스러진다
밤새워 자장가를 불러주는 바다
어둠 속 장엄한 코러스

초유初乳의 비린내가 홍건하다

먼 어느 날 새벽
풀잎 끝에서 반짝이다가
그대 발등에 떨어지는 이슬방울 하나

차마 전하지 못해 두고 떠난
내 속내가 영글어 그대 만나면

그리하여 지금 나처럼 그대 가슴도 뛴다면
미소로 잠시 지켜봐 주길

풀잎이 어깨동무하고 일어서는 새벽
바다는 검은 도포를 벗는다

양파에게

얇은 껍질 벗기며 네 속살을 만날 때
붉어지는 내 눈시울을 보았는지

겹겹 포장된 순백의 네 통증을 달래며
유리병에 넣어준 달콤한 맛

네가 흘리는 눈물에
가슴 졸인 나를 보았는지

네 눈물의 향기를 기다리는
내 혀의 잔인한 유혹을 알고 있었는지

정오

장미의 검붉은 눈물을 보았네
발등에 떨어뜨린
제 눈물로 자라는 꽃이란 걸
가시에 찔려
떨어뜨린 눈물이라는 걸
환한 정오
철책 곁을 지나다 사연을 들었네

고희를 맞은 그대에게

동트는 새벽이 있었기에
긴 그림자 거느리는 들녘의 저녁 해가 아름답습니다
지금, 노을빛 곱게 물드는 그대가
화려한 젊음보다 아름다운 이유입니다

꿈과 사랑과 번민의 젊은 날을 지나
만남과 이별, 기쁨과 슬픔의 날들을 지나온 그대의 둥지에서
날개 치는 소리가 들립니다
굵고 휘어진 뿌리에서 푸른 함성이 들립니다

고희를 맞은 그대여
춥고 길게만 느껴졌던 날들을 잘 건너오셨습니다
태백산 오래 묵은 주목 앞에 서면
세월이 무너뜨린 텅 빈 나이테 자리가 보입니다
그 빈자리를 휘돌아 나가는 바람이 가는 저기
땅에 닿을 듯 휘어진 가느다란 가지 끝에서 돋아나는
새잎들이 보입니다
우리, 그렇게 이곳에 모였습니다

아득한 산자락을 돌고 돌아
고희를 맞은 그대가 서 있는 오늘
여기는 그대의 고향 태백입니다
첩첩 산맥들이 울려주는 박동 소리가
그대의 심장에서 울립니다
어깨에 얹힌 인고의 세월은
그대에게 바치는 훈장입니다

수고하셨습니다
세찬 풍파를 잘 건너오셨습니다
그대와 나, 우리 서로 손잡고 어울리는 오늘은
다시 동트는 새날입니다

- 태백 1314회 동기 모임

호박꽃

뒤엉킨 넝쿨 틈에서 환하게 웃고 있다
목젖 지나 가슴 속까지 훤히 보인다

숨겨야 할 것 하나도 없구나
미워할 이 아무도 없구나
바라는 것 더 없구나
지금 감사하는구나

넝쿨 틈에서
고요하게 귓속말을 하고 있다
아침 햇살이 찰랑거리며 전한다
고개 갸웃 기울이고 마주 보며 나도 웃는다

돌아서는 손가락에 묻은 노란 꽃가루
어느결에 발라주었는지
가슴 속까지 환해진다

작품해설

| 작품해설 |

지적인식과 의식의 반응
— 최종월 시집 《쟁이 던지는 당신에게》

채수영
(시인 · 문학비평가 · 문학박사)

1. 시인, 수도승의 운명

창조는 무형에서 구체적인 형상을 그리는 작업이다. 다시 말해서 없음에서 있음을 향한 추구는 창조라는 말로 대신하지만, 그 이면裏面에는 다기多岐한 표정이 각각 분화하여 혹은 그것들이 모여서 전체의 표정을 만들 때 형상화된 창조에는 생명력이 숨 쉬게 된다. 예술은 본질에서 개개의 의미를 통합하는 능력이 요구되는 것은 필연적인 개성의 소산으로 돌리게 된다. 다시 말해서 별개의 이미지들을 꿰맞추는 일은 시인의 기교적인 면을 수용하여 전체로 만들어진 소산이 곧 창작의 결과물이

될 것이기 때문이다. 특히 시인은 이미지를 상상의 그물로 포착하는 섬세함과 미묘함을 거느리고 커다란 이미지 군을 거느리는 장수가 될 때 위엄威嚴으로 우뚝할 수 있는 여지를 갖게 된다.

시詩는 이야기의 진술이나 묘사가 아니고 기호나 상징의 여지를 많이 가질 때 결코 마침표로 끝나는 것이 아닐 때 비로소 시에 여백의 묘미는 숨 쉬게 된다.

참된 수도승은 다변가가 아니고 철학가이고 명상가일 때 그의 내면에는 우거진 숲이 창창할 것이다. 좋은 시의 조건은 이런 정신의 기저基底를 위호衛護하는 청청함이 있다. 모든 시인은 그런 미지의 공간을 염두에 두고 고달픈 시업詩業의 길을 일생동안 터벅인다. 거기엔 충분한 가치가 내재해있기 때문에 시인은 허공을 향해 그의 두 손을 허우적거리는 이유가 도로徒勞가 아님이 명백하다. 시인은 곧 수도승과 같기 때문이다.

시를 쓰는 일은 정신의 펼침일 것이다. 이를 위해서 시인은 집중된 생각에 초점을 모아 거기 불을 켤 때 비로소 의미의 무리가 나타나 언어의 숲을 구성한다. 이는 개개의 이미지가 모여서 숲을 이루는 일-한 그루의 나무가 모여서 전체의 숲을 바라보는 완상玩賞에는 미적 여운이 파동을 그리게 된다. 요컨대 시인은 경험의 이름이 상상으로 길을 낼 때, 거기엔 자기만의 질서가 있을 것이고 이를 개성이라는 이름으로 분류하게 된다.

최종월의 시적 표정은 한 번에 감정의 윤곽을 구분하는 일보다는 표피를 뚫고 속살을 찬찬히 바라볼 수 있는 통로를 발견하는 일이 우선이라야 할 것 같다. 이를 Head의 시적 형태라 한다면 감칠맛은 음미라는 절차를 수용하는 일이 따라야 한다는 점이다. 이제 증명으로 길을 재촉한다.

2. 고갱이 찾기

1) 의식의 층계 오르기

인간의 사고는 의식과 무의식의 경계를 구분 짓는 일은 때로 난감할 수가 있다. 무의식의 층은 깊은 심연의 깊이라면 의식은 지극히 소수의 함량-눈에 보이는 시각의 범주는 삼각형의 꼭짓점에 불과할 것이다. 즉, 무의식은 삼각형의 밑변에 해당한다면 의식은 이 무의식의 요소를 얼마나 꺼내 쓸 수 있을 것인가는 시인의 개성으로 귀환하는 점-바로 상상의 특징일 수 있다.

시는 상상의 풍경화를 만들기 때문에 상상의 절대경은 곧 시의 아름다움과 맥을 같이하는 의미로 치부되기 때문이다.

방향등이 깜빡인다

열 달 동안 사람 모양으로 빚어준 나의 방, 어머니의 집에
있는 둥근 방은 나와 동행을 거부했다 울지 못했다 구들방 윗

목에서 까맣게 시들어가는 아기에게 어머니는 탯줄에 고여 있는 핏물을 오래도록 훑어 넣어주셨다

아기가 울음을 터뜨렸다

나의 방이 세상에 나오기를 거부하는 동안, 탯줄이 몸속으로 다시 달라붙으면 산모는 죽을 거라는 소문이 마을에 돌았다 발가락에 탯줄 칭칭 동여매고 문고리에 매달린 채 날이 저물었다

어금니 가는 소리는 입술 사이로 새어 나오지 않고 목으로 넘어갔다 다시 해가 떠오른 후에야 나의 방이 세상에 나왔다

아, 어머니 당신은 살았어요

지금 나의 방이 세상을 구르고 있어요

—〈나의 방〉

보호의 역할을 하는 방方은 생명이 숨 쉬는 공간이다. 이 방안은 자기보호의 기능도 있지만 꿈을 만들기도 하고 태어나는 숨소리가 어머니의 잉태와 연결될 때 위대한 공간의 조우가 최초로 시작되는 보호-모든 동물은 집이라는 거처를 마련하여 거기서 자기보존의 생명체를 탄생하는 공간일 때, 방은 곧 우주의 개념이고 인간의 의식이 최초로 출발을 시작하는 의미를

갖는다. 이 방을 통해서 나와 다른 세계와 소통하는 거점據點이면서 꿈과 희망과 혹은 슬픔과 절망조차 어둠 속에서 삭이는 기능을 갖는 방房에서 신비의 이름으로 창조된다. '열 달 동안' 이라는 시간적인 연결은 시인이 창조의 일차적인 경험을 숙성시킨 이미지로 다가든다. 드디어 '아기가 울음을 터뜨렸다' 에서 나의 방은 세계와 소통하는 신호로 '울음' 이 생명의 근저를 상징한다. 이로부터 방을 들락거리고, 어둠이면 돌아와 안식을 펴는 공간으로 자리 잡을 때 한 생명은 비로소 성장의 키를 높이는 기능을 수행할 수 있다. 이리하여 시인은 마무리로 '지금 나의 방이 세상을 구르고 있어요' 의 선언에서 성장으로 길을 만드는 이미지가 구축된다. '방안은 기온은 내 체온을 위하여 쾌적하였고 방안의 침침한 정도가 또한 내 안력을 위하여 쾌적하였다. 나는 내 방 이상의 서늘한 방도 또 따듯한 방도 희망하지 않았다… 약… 내 방은 나 하나를 위하여 요만한 정도를 꾸준히 지키는 것 같아 늘 내 방에 감사하였고 나는 또 이런 방을 위하여 이 세상 태어난 것만 같아 즐거웠다' 라는 이상(李箱, 1910~1937)의 〈날개〉에 서술된 방- 만약 방이 없다면 인간에겐 삶의 방도도 없는 것과 같은 일-의식의 파편이 방에 삶의 기거가 집중되는 묘사를 담고 있다. 추운 방이기보다는 따끈한 방의 열기 속에서 의식은 멀리 길을 떠나는 요람의 기능이 시인에게는 상징의 의상을 걸치고 있다.

인간의 행동은 무의식의 조력을 얼마나 받을 수 있을 것인가에 따라 예술의 표정은 다른 각도를 유지한다. 예술가의 상상은 일종의 구조이다. 여기엔 잠재의식과 무의식이 혼합하여 교차하면서 어떤 것을 사용하는가의 여부에 따라 색깔의 변화를 나타내는 캔버스가 달리 보이는 현상이 나타난다. 물론 의식과 무의식의 층을 따로 갈라치는 것이 아니라 때로는 혼합의 물감이 되기도 하고 더러는 일방적인 무의식의 어둠이 가로지를 수도 있을 것이다. 최종월의 시는 이 둘의 교합이 항상 빈번한 변화를 갖고 길을 만들고 있다.

하루를 입관하는 의식이 엄숙하다
바다가 검은 도포를 입고
창백해진 하늘이 나팔관처럼 귀를 연다

마을의 불빛들이 바다로 내려온다
꽃송이로 동동 뜨다가
달구리에 하나둘 스러진다
밤새워 자장가를 불러주는 바다
어둠 속 장엄한 코러스

초유初乳의 비린내가 훙건하다

먼 어느 날 새벽

풀잎 끝에서 반짝이다가
그대 발등에 떨어지는 이슬방울 하나

차마 전하지 못해 두고 떠난
내 속내가 영글어 그대 만나면
그리하여 지금 나처럼 그대 가슴도 뛴다면
미소로 잠시 지켜봐 주길

풀잎이 어깨동무하고 일어서는 새벽
바다는 검은 도포를 벗는다

—〈자장가〉

위의 시는 어둠에서 새벽으로의 하루가 진행형이다. '하루를 입관하는 의식이 엄숙하다' 라는 표현은 여느 시인들 같으면 황혼의 묘사에 할애하겠지만 최종월은 '하루를 입관' 하는 시어에 전율戰慄을 갖는다. 입관은 곧 종언을 고하는 이미지이기 때문이다. 이로부터 어둠의 물살이 파도를 일으키면서 '검은 바다' 가 도포 자락을 바람에 휘날리는 긴 여정이 시작된다. 아울러 마을 불빛들이 바다로 내려오는 함성이 들리기도 하고, 꽃송이의 파도가 보이기도 하고, 장엄한 합창이 이어지는 축제의 장소가 되기도 하고, 온갖 홍겨움이 어울릴 때 '발등에 떨어지는 이슬방울 하나' 에서 경천동지驚天動地할 한 줄기 빛의 전파가 온갖 생명체를 깨우는 우렛소리로 둔갑한다. 이로부터

'풀잎이 어깨동무하고 일어서는 새벽이 당도하였고 바다는 검은 도포를 벗는 일이 아침의 신선함으로 돌아온다. 최종월의 시에 어둠은 창조의 공간이고 창조의 방안이고 생명이 용약하는 방의 의식에서 찬란한 이미지가 펄떡거린다. 이는 어둠- 무의식의 깊이를 꺼낼 줄 아는 시인의 지혜이자 창조의 비법이 낚시로 이어진다.

2) 의식의 분편화

인간은 일정한 사물을 흩어놓았다가 다시 한데 모아 정리하는 지혜를 갖고 있다. 예술은 바로 흩어짐을 정리하는 것-보기 좋게 정리하는 일은 일종의 청소의 개념과 다름이 없다. 쓸고 닦으면 깨끗해지는 마음의 평안은 곧 예술이 갖는 효과와 다름이 없기 때문이다. 궁극적으로 예술은 마음의 평화를 누리게 하는 자극제라는 의미에서 크게 벗어나는 것은 아니다. 여기서 분편화라는 말에 적용 범위는 넓어진다. 전체의 데이터를 저장 장치와 여러 부분에 분산하여 저장한 뒤 그에 관한 정보를 하나로 묶는 파일-종합의 기능이 의식에서도 매일반일 것이다. 예를 들자면 한편의 풍경화가 있다고 하자. 여기엔 여러 조각의 물체와 사물이 따로 흩어져 있을 때, 이를 결합하고 꿰매는 역할은 예술에서의 중요한 기능이다. 종합으로 엮어내는 일은 곧 작품으로 탄생하기 때문이다.

지퍼백처럼 새벽이 열린다
빛과 바람과 색색의 욕망이 걸어나온다

해가 가장 늦게 지는 마을을 찾아 떠난다

살얼음 번득이는 길에 그림자를 눕히고
나무는 곁을 지키고 섰다
그림자를 넘어가는 바퀴가 흔들릴 때마다
제자리에서 몸을 떠는 나무

60번 버스가 나무그림자를 딛고 인천으로 달리고
60-1번이 나무그림자를 딛고 부천으로 달리고
60-2번은 나무그림자를 딛고 강화로 달리고
60-3번은 나무그림자를 딛고 대명포구로 달린다

길에서 흰 장갑 낀 손을 흔들 때가 있다
낯익은 얼굴과 스칠 때
치켜든 손은 구름처럼 피어올라 서로의 등 뒤로 흐른다
(종점을 돌아오는 궤도에서 순간의 위로는 소중해요)

가끔 섬의 고독에 대해 생각한다
파도가 주변을 빙빙 돌 때 외로울까 아닐까
(외로울 수도 아닐 수도 있지만 섬은 그곳을 떠나지 않아요)

시곗바늘이 남태평양의 섬을 만나면 한 발 뒤로 물러선다
고래가 섬을 만나면 물기둥으로 얼굴을 씻어주고 사라진다
(직선이 휘어질 때 따뜻해지는 것에 대해 생각해요)

태평양에 그어진 날짜 변경선은 아득하다

새벽에 흔들리며 그림자를 넘은 사람들이 돌아오는 시각
해가 가장 늦게 지는 바다에는 섬들이 하나둘 일어선다

지퍼백처럼 하루가 다시 닫힌다

—〈날짜 변경선〉

최종월의 시는 대개 아침에서 어둠으로 진행형을 취한다. 이는 그의 시적 취향이면서 정신의 흐름이 갖는 특성으로 여겨진다. 생물학에서는 일광추향성이라 말한다. 모든 생물은 빛이 있는 쪽으로 고개를 돌리고 그곳으로 향하는 특성이 있기 때문에 새벽에서 어둠으로 진행하는 시인의 시적 전개는 하루 동안에 많은 일들이 겹치면서 담긴다.' 빛이 ' 시작하면 공간에 많은 것들이 순식간에 살아나고 이동하면서 일정한 세계를 구성한다.' 욕망이 걸어 나온다 ° 마을을 찾아 떠난다 ' 그림자를 지키고 그 곁을 지키는 ' 나무가 있고, 60번 '버스가' 인천으로 떠나고 혹은 '부천' '대명포구' 로 향하는 속력이 들리면서 카메라의 렌즈는 분주하게 이곳저곳을 찾아 헤맨다. 의식이 고독을 느끼고 파도가 그 고독을 엄습하는 무의식의 갈래도 찾아오고 또다시 어딘가로 떠나고 '태평양' 의 광막한 시야에 담기는 시인의 의식에는 분편화 된 갈래들이 모여서 하루를 구성하는 일이 새벽에서 어둠이 올 때까지 공간을 채우는 이름들이 출몰

한다. 여기서 이미지의 통일성을 이룰 때, 시적 의미가 성립된다. 이미지가 산발적인 모습으로 개개가 모여서 시적 표정의 일부를 만들고 다시 조합되면서 정서의 균형을 만드는 기교는 곧 시인의 재능에 속한다. 최시인은 이런 기교를 그의 시적 창작의 조화-방도로 생각하는 시의 표정이 있다.

박수 소리가 사방에서 울린다
바닥에 닿을 수 없는 가벼움
끝내 바다의 깊이를 모른 채 떠돈다
울음마저 잦아든 물개가 모래밭에 눕는다
몸속에 채워둔 마이크로 플라스틱

지구의 자전에 맞춰 추는 왈츠
샹들리에 불빛

떠돌던 섬은 환류에서 소용돌이친다
염색된 플라스틱으로 포만감을 느낀 새는
물개의 곁에 누워 가쁜 숨을 멈춘다

아롱진 내장이 허허롭다

바다의 깊이를 모르는 섬
부서져 가루가 되어도 영원히 떠도는 섬
독 안에 든 무녀*가 영롱한 컵을 높이 든다

오늘을 위한 축배를!

—〈떠도는 섬〉

인간은 누구나 섬이다. 이를 가장하기 위해 웃고 떠들고 때로는 표정을 만들면서 자기를 변장한다. 인간을 섬으로 환치換置하면 결국 인간이 처한 공간은 바다라는 이미지가 성립된다. 이 바다에서 살아가는 존재에는 때로는 무게에 가라앉는 일도 있을 것이고 가벼워서 날아가는 존재도 있을 것이다. 박수와 환호 혹은 비극에 치를 떠는 울음과 통곡이 교차하는 인간사의 바다는 아비규환의 처절함이 시인의 눈에는 보인다. 최시인이 여느 시인과 다른 점은 사물을 사물로 바라보는 평이성이 아니라 입체화한 시선으로 바라볼 때, 다양한 변화의 풍경이 연출된다. 여기서 의식의 갈래가 이질적인 결합을 유도하는 비유의 생성이 전제조건이 되는 것 같다. '바다의 깊이를 모르는 섬/부서져 가루가 되어도 영원히 떠도는 섬' 으로 마감되는 '섬' 을 시인의 자신을 투영하는 거울이고 이 거울 속에서 다양한 체험의 부유물들이 풍경을 조화로 이끄는 최시인의 의식이 빛나고 있다.

물의 이미지는 이동의 이름을 대신한다. 순자(荀子)는 '물은 능히 배가 다니게 하고 또 배를 전복하기도 한다' 는 것에서 더블 이미지가 내재함을 주장했다. 사실 물이야말로 인간을 평안하게도 하고 또 전복의 운명을 갖게도 하는 점에서 인간에게 절대의 요소로 인식된다. 열달 동안 태내胎內 양수는 물이기 때문에 물은 곧 생명의 고향인 셈이다.

최시인의 시에는 바다가 자주 등장하고 바다에서 위험과 안도가 교호작용을 하면서 결국 바다는 인간이 사는 세계를 의미하면 그 뜻은 매우 함축적인 인식으로 다가든다. 또한 노자老子의 상선약수上善若水에 이르면 아래로 아래로 겸손을 찾아가는 물이야말로 인간이 최상의 가치로 둘 사물인 셈이다.

3) 따스함 혹은 그리움

시는 절망에서 희망을 주는 사명을 목적으로 하고 비극에서 내일을 제시할 때 그 소임을 다할 수 있다. 사랑과 그리움을 목표로 하는 시의 임무에는 시인의 삶과는 다른 역설적인 현상이 담겨진다. 다시 말해서 시인이 처한 역경을 딛고 희망을 노래할 때엔 인도자의 성격이 추가된다. 어려울 때 시는 등불이고 고난에 처할 때 한 구절의 시에서 삶의 의미를 발견하게 하는 역할이야말로 시인의 진정한 가치일 것이다. 그러나 시인은 바람에 쓸려 다니는 유행가 꾼이 아니다. 진중하기 바위 같고 천근의 무게로 세상을 지키는 수호자의 임무를 가진 것이 시인의 이름이다. 비록 개인적으로는 고독하기 처참하고 슬픔의 중심에서 살고 있다 해도 그가 노래하는 시에는 희망이 넘치는 가락이어야 한다. 시류에 떠돌다 몰락하는 시인들의 경우를 볼 때면 시인의 진정성은 소금의 역할이어야 한다.

두 손 돌려 깍지 끼고

엄마, 또 어부바

꽃잎 하나 무게라도 그립습니다

두 손 돌려 깍지 끼고

엄마, 또 어부바

꽃잎 하나 빈자리가 무겁습니다

—〈어부바〉

어머니의 등은 항상 따습다. 이는 정신의 고향이고 삶의 진원이기 때문에 어머니는 고향 중의 고향일 것이고 사랑 중의 사랑의 진수라는 이름을 가질 수 있다.

따스함이 부재할 때는 그리움이 찾아오고 그리움은 항상 애달픈 정서의 부추김을 동반하는 점에서 체온의 일부로 작동된다. 어머니는 세상의 가치를 지닌 포괄적인 대상이고 이로부터 사랑의 물길은 곤곤滾滾하게 햇살을 받으면서 생명의 끈으로 이어진다. 두 손 돌려 깍지를 낀 손에 무게는 이미 무게가 아니고 그리움의 물결이 온정신을 장악한 이름의 무게로 작용된다. 하여 '꽃잎 하나 빈자리가 무겁습니다'의 무게는 곧 그리움이 사랑으로 전환된 시인의 고도한 의도(intention)의 결정화結晶化로 승화된다. 여기서 최시인의 시적 뇌수腦髓는 고도한 높이로 지향점을 갖는 표현미인 점이다.

구슬 하나 품었다

꽃대 올리느라 허리 깊이 빠진 채
두 손 머리에 올려 구슬 받치고 섰다
안을 때와 보낼 때를 위해 옷섶 풀어 헤치고

티끌 하나 차마 발 디밀지 못한
반짝이는 순수
눈물보다 맑은 순정

꽃이 아니구나
화려한 꽃이 아니구나

저리도 푸르게 웃을 수 있느냐
저리도 작고 환한 구슬 가슴에
하늘을 담아줄 수 있느냐
너는

—〈연잎〉

사물에 '꽃 같은' 비유일 때는 꽃이 지고至高의 미적 대상이 된다. 연꽃과 구슬의 비유는 그 관념의 차이가 멀다. 다시 말해서 폭력적인 결합이라 말한다. 이런 원관념과 보조관념에의 관계가 멀면 멀수록 이미지의 신선미는 더욱 고조된다고 한다. 연잎이 '구슬을 품었다' 에 구슬은 영롱하고 깨끗하고 순수함을 표상한다. '티끌 하나 차마 발 디밀지 못한/빈짝이는 순수/눈물보다 맑은 순정' 에 이르면 시인의 마음에 고인 아름다움은 찬탄이 '화려한 꽃이 아니구나' 의 최상의 고귀성을 획득한다. 꽃=너의 등식等式에서 순수와 순정이 답안으로 나올 때 독자는 감동의 물길을 그 마음에서 소로小路를 내야만 한다. 시는 이럴 때 가치가 높아진다. 최시인의 정서는 여기서 최상의 정점에서 미소를 획득한다.

노을이 밀주처럼 익는다
얇은 화관 둘러쓰고 고즈넉이 앉은 저녁
살그머니 누른다
가슴에 끌어안은 게 많으면 저리 적막한가?
적막 후 저리 환해지는가?
초야의 그림자가 얼비친다
그대 향해 에돌던 모서리
홍시 하나 풍등처럼 띄워놓고
맨발로 건너는 강
여울목

—〈홍시가 있는 풍경〉

'노을이 밀주처럼 익는다' 를 읽으면 우선 색깔에 취하고 또 그 맛에 취하고 다시 그 풍경에 취한다. 이런 이미지의 중첩에는 시의 고도한 치밀성이 전제되어야만 한다. 더불어 따스한 저녁의 풍광이 눈에 선연鮮然하고 온화한 가족의 대화가 밀물로 저어온다. 이런 상상의 기저에는 사랑의 마음이 보이는 것 같고 가족의 화목이 풍경화로 걸리는 불빛인 '홍시 하나 풍등처럼 띄워놓고'에서 강물이 조곤거리는 속삭임이 귓가에 맴돌고 있다.

시는 그림을 그릴 때 의미의 이름도 따라오고 논리의 그물에서 감동이 진동한다면 최시인의 시적 그림에는 풍경화가 독특한 이름으로 다가든다.

4) 의식의 지향志向

한 편의 시는 문자로 말하는 것이 아니라 느낌을 형성하는 점에서 지난至難한 예술이다. 그렇다면 시의 목적지는 어디로 향하는 길을 터벅이는가? 시인의 의도는 여기서 저마다 다른 개성을 발현한다. 문제는 개성을 어떻게 직조織造하는가의 기교는 그의 정신의 응축이라야 한다. 시는 사설이 아니고 오로지 응축凝縮-독일에서는 시를 응축이라 부른다. 문제는 언어를 재료로 다이아몬드를 만드는 일이기에 욕심을 버리는 수도승의 마음이 진정한 시적 표현의 길이 열리게 된다. 어느 경우에도 시는 욕망을 채우는 대상이 아니고 정서의 순수를 찾아가는 이름이기 때문이다.

현무암 정수리에 풍란이 앉았다

가파른 절벽을 내려오는 촉수, 푸르다
물에 닿기에는 아직 멀다
손 떼면 아스라한 절벽
돌에 붙어 딱딱해진 뿌리
온몸으로 목숨을 빨아들인다

꽃 피었다
학 두 마리 날개를 펴고
가느다란 꽃대 끝에 앉아 흔들린다
이 악물고 참았던 신음
향기가 되어 퍼진다
살아서도 죽어서도 돌에서 떨어지지 않는
뿌리

황홀한 개화

—〈뿌리〉

생은 항상 고달픈 이름을 맞이한다. 불교에서 고해苦海라는 말은 아주 적절한 표현인 바, 살아있는 존재는 어떤 상황에서도 생명의 줄기를 이어가는 끈기가 발동되어야 한다. '현무암 정수리' 에서 꽃을 피우는 풍란의 모습은 삶이 어떤 과정을 거쳐서 비로소 향기로 자기를 표현하는가의 증거를 의미한다. 물론 풍란 그 자신은 향기를 위해 존재하는 것은 아니다. 생을 이

끌고 살다 보면 향기가 따라오는 이치는 곧 진정한 존재의 의미를 표상한다. 살기 위해 '온몸으로 목숨을 빨아드린다' 에 이르면 진실의 모습에 고개를 떨구게 된다. 엄숙하기 때문이다. '꽃이 피었다' 는 상태를 나타내는 객관의 시선일 뿐, 풍란에게는 생의 진지한 과정으로써, 그 내면에는 성실과 근면 그리고 악착한 생의 모습이 담겨있어 고귀한 대접을 받는 것이다. 그러나 꽃만이 아니라 본질은 '뿌리' 의 역할이 없다면 '황홀한 개화' 의 향기는 있을 수 없는 사실-이런 이치는 간과看過의 문제일 수 있는 본질에 눈을 돌리는 시야가 필요하다.

> 유리창 뚫고 들어온 햇살
> 술래처럼 소리 없이 바닥을 기어 오더니
> 현관 신발에 들어가 찰랑거린다
> 환하다
>
> —〈배달갑니다〉에서

배달의 의미는 시장기를 모면하는 음식일 수도 있고 요긴하게 쓸 수 있는 물목일 때, 기다리는 시간이 필요하다. 필요는 항상 필요만큼 애달픈 시간의 심리학이 필요한 것처럼 초인종을 울리는 소리는 곧 구원의 메시지와 상통할 수 있을 것이다. 왜냐하면 환호작약歡呼雀躍하면서 입맛을 충족하는 초조와 같기 때문이다. 초속 30만㎞로 지구까지 1억4960만㎞를 약 8분

만에 당도하는 빛- 아득하게 먼 곳에서 오는 햇살이 신발에 들어가 팔랑거리는 풍광은 따스하고 정겹다. 이처럼 밝음으로 지향하는 시적 표현은 독자에 안도감을 주고 희망의 메시지를 전달하기 때문에 사랑의 감수성을 내재한다. 배달의 물품이 음식이 아니라 사랑을 의미할 때 문학이 지향하는 목표는 인도주의 즉 휴머니즘을 실천하는 목표에 도달한다. 문학의 궁극은 휴머니즘의 구현일 때, 비로소 세상을 향해 등불을 밝히는 빛이 멀리 퍼질 수 있다면 최종월의 시는 그런 의도를 내장하고 굳건히 발길을 내딛는 모습이 매우 의연하다.

3. 휴머니즘을 배달하는 시인

세상에 시는 흘러넘치지만 좋은 시는 숨어있다. 언어만의 조합으로 행과 연을 끊어서 상품화하는 작금에 우리 시단은 체념의 표정이 역력하다. 의식의 깊이에서 솟아 나오는 샘물처럼 시원할 때 정신의 쇄락을 가져오는 효과에는 영혼이 불을 켠다. 이는 정서의 배달이 아니라 따스한 휴머니즘을 배달하는 시의 기다림- 시의 맛을 음미하고 다시 음미할 수 있을 때 단맛이 우러나는 비유-시는 그래야 한다. 우리네 토장국처럼 몸에서 받아들이는 입맛을 가진 시의 진수眞髓에서는 기쁨이 앞장선다면 최종월의 시는 그런 비유에 아주 적합하다.

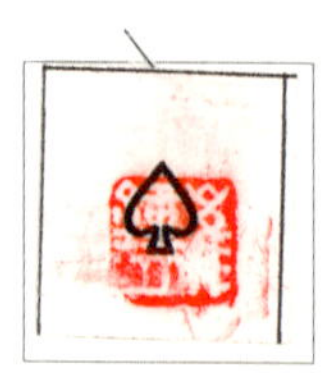

계간문예시인선 153

최종월 시집 _ 쨍이 던지는 당신에게

초판 인쇄 2020년 3월 30일
초판 발행 2020년 4월 15일

지 은 이 최종월
회　　장 서정환
발 행 인 정종명
편집주간 차윤옥

펴낸곳 도서출판 계간문예
편집부 03132 서울 종로구 삼일대로 30길 21 종로오피스텔 1209호
주소 03132 서울 종로구 삼일대로 32길 36 운현신화타워 305호
전화 02-3675-5633, 070-8806-4052 팩스 02-766-4052
인쇄 54991 전북 전주시 완산구 공북1길 16, 신아출판사
이메일 munin5633@naver.com
등록 2005년 3월 9일 제300-2005-34호
ISBN 978-89-6554-215-5 04810
ISBN 978-89-6554-118-9 (세트)

값 10,000원

이 도서의 국립중앙도서관 출판예정도서목록(CIP)은 서지정보유통지원시스템 홈페이지(http://seoji.nl.go.kr)와 국가자료공동목록시스템(http://www.nl.go.kr/kolisnet)에서 이용하실 수 있습니다. (CIP제어번호: CIP2020013032)